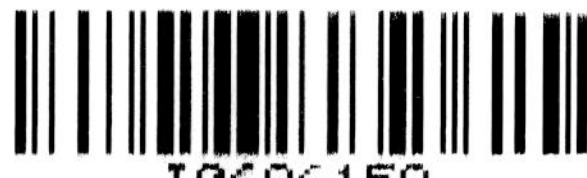

I0696158

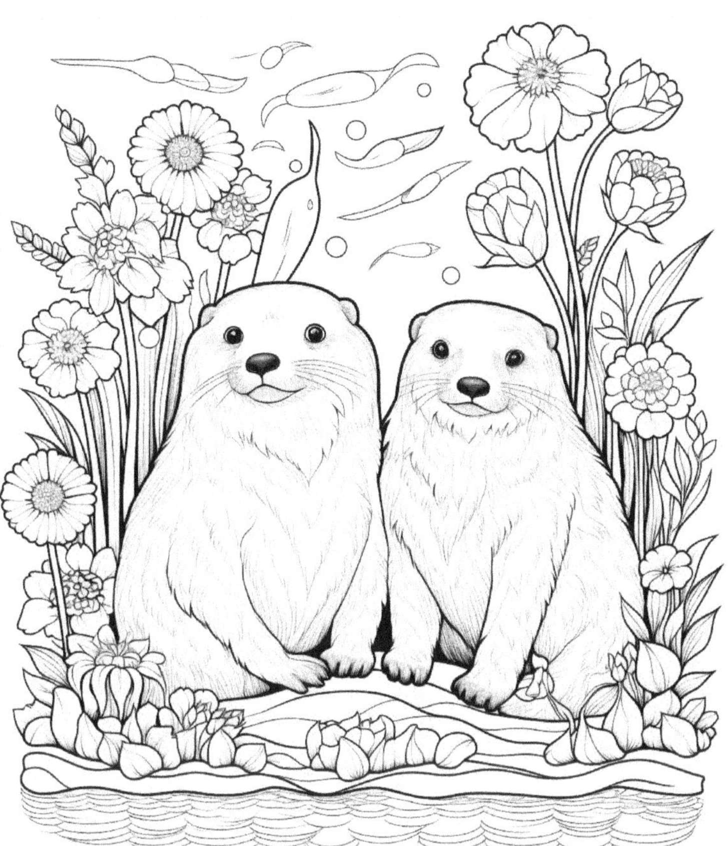

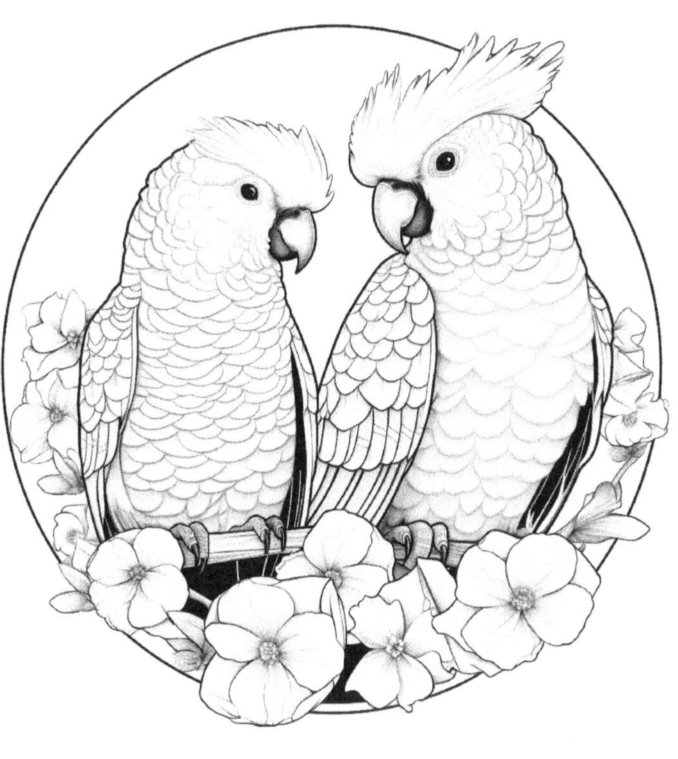

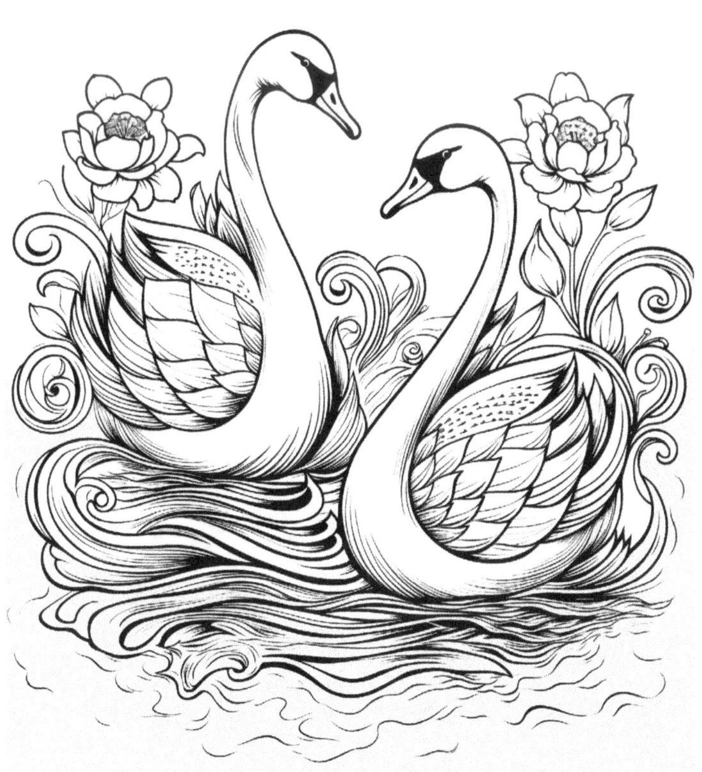

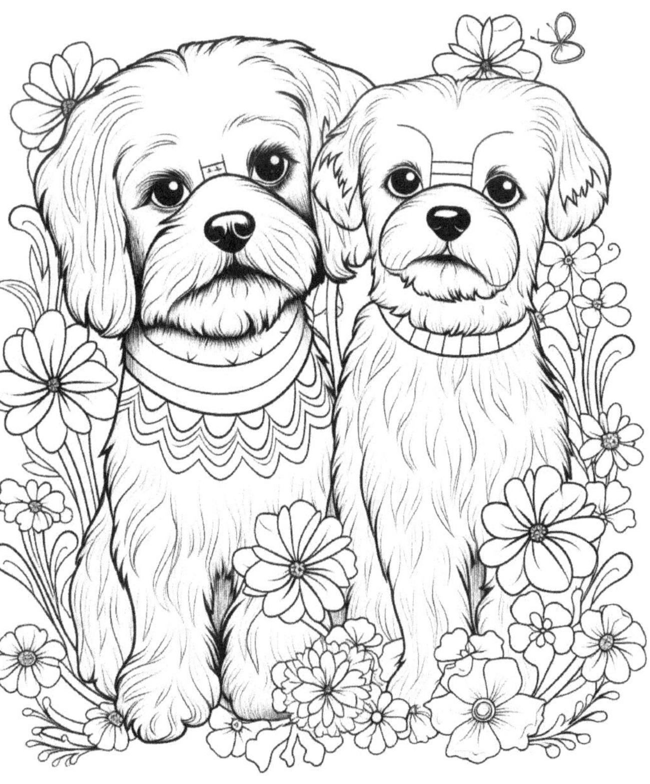

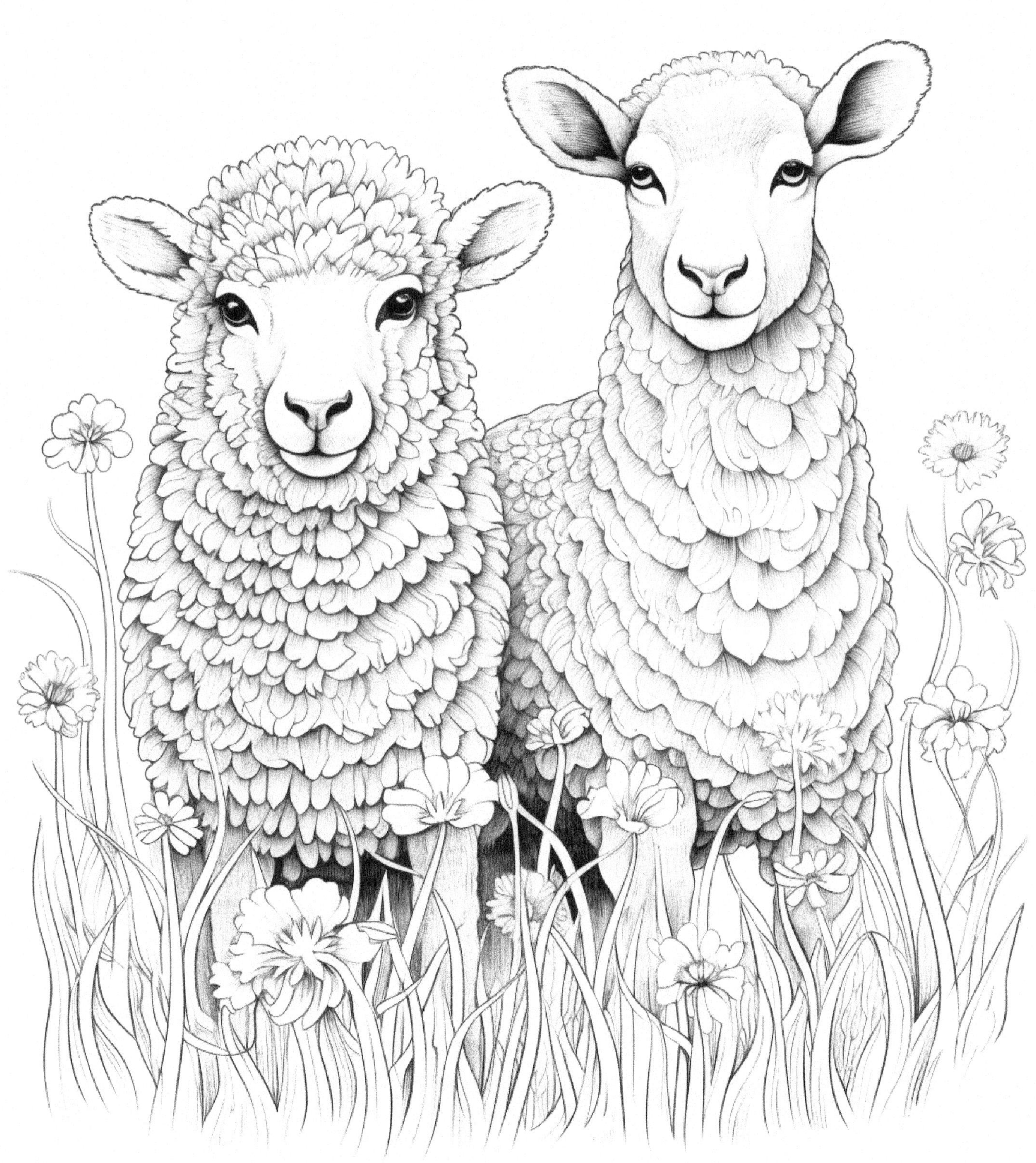

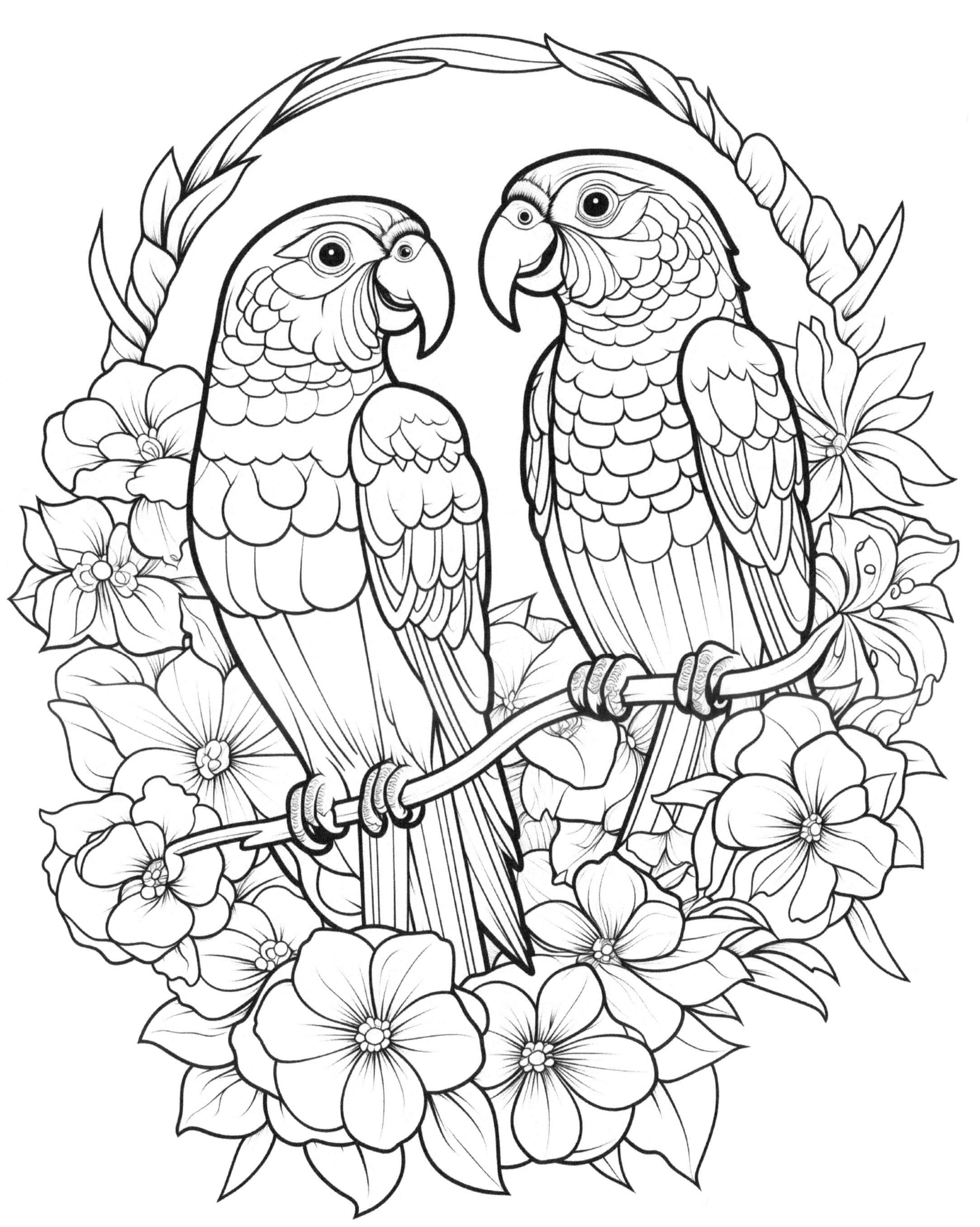

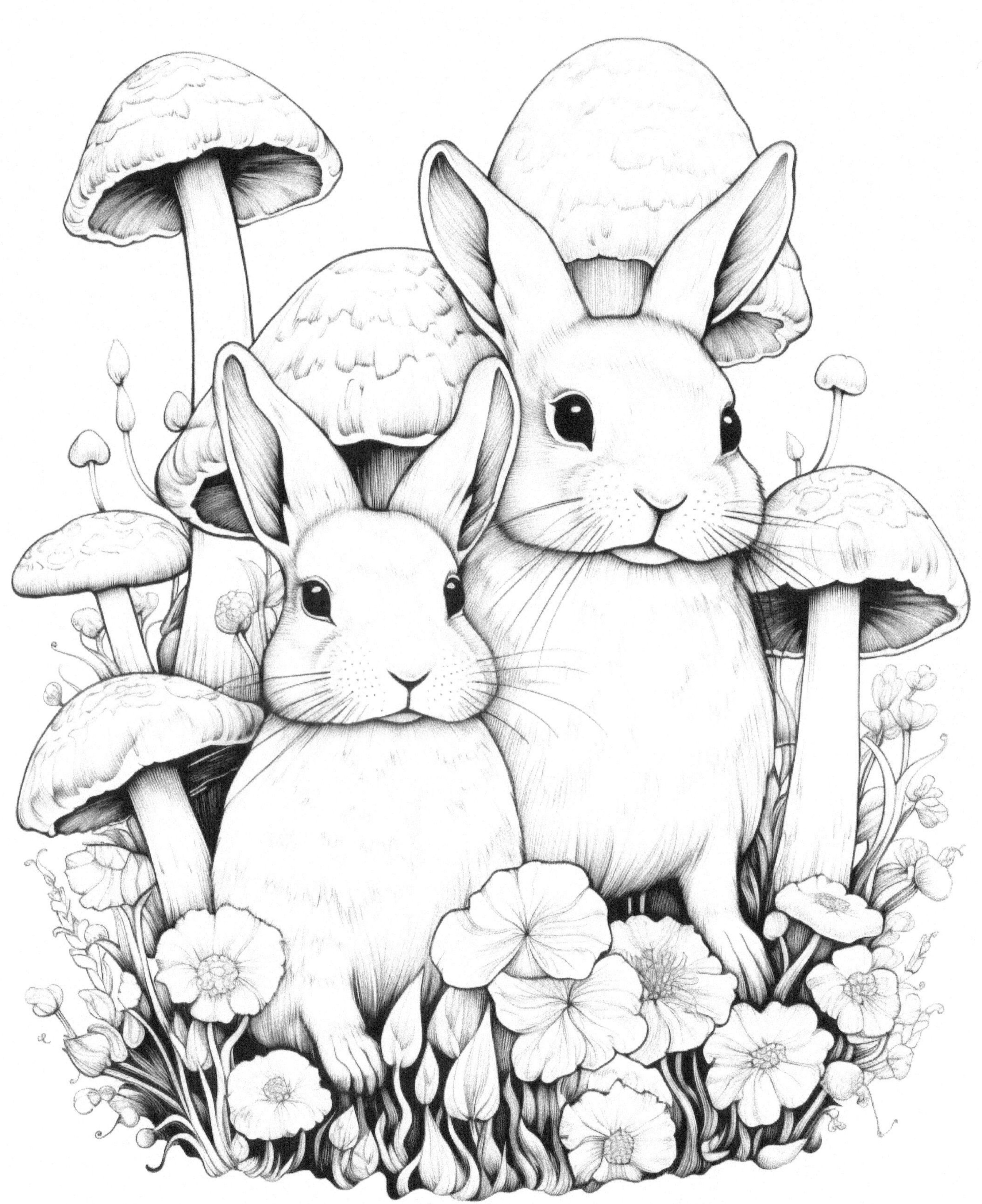

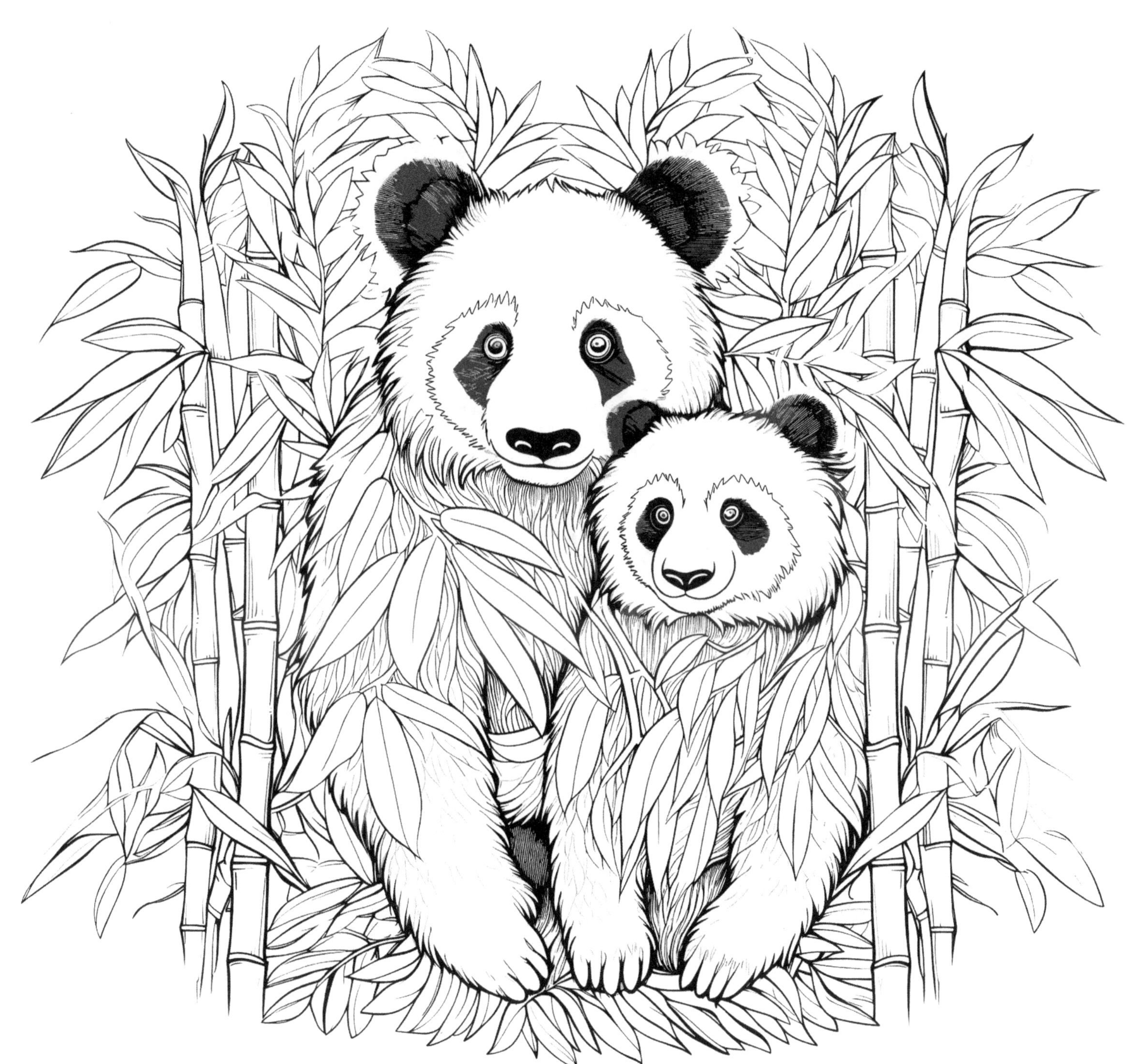

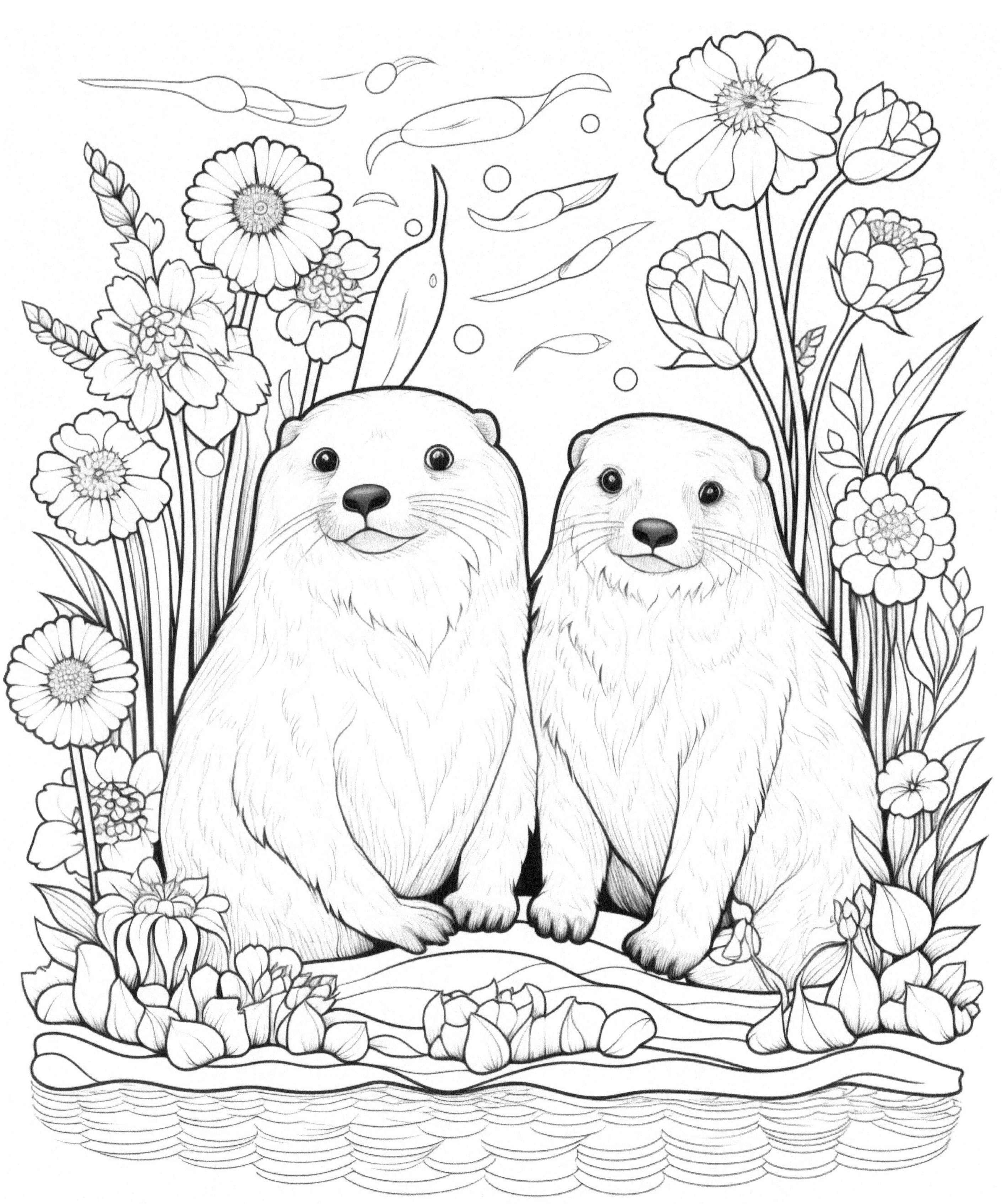

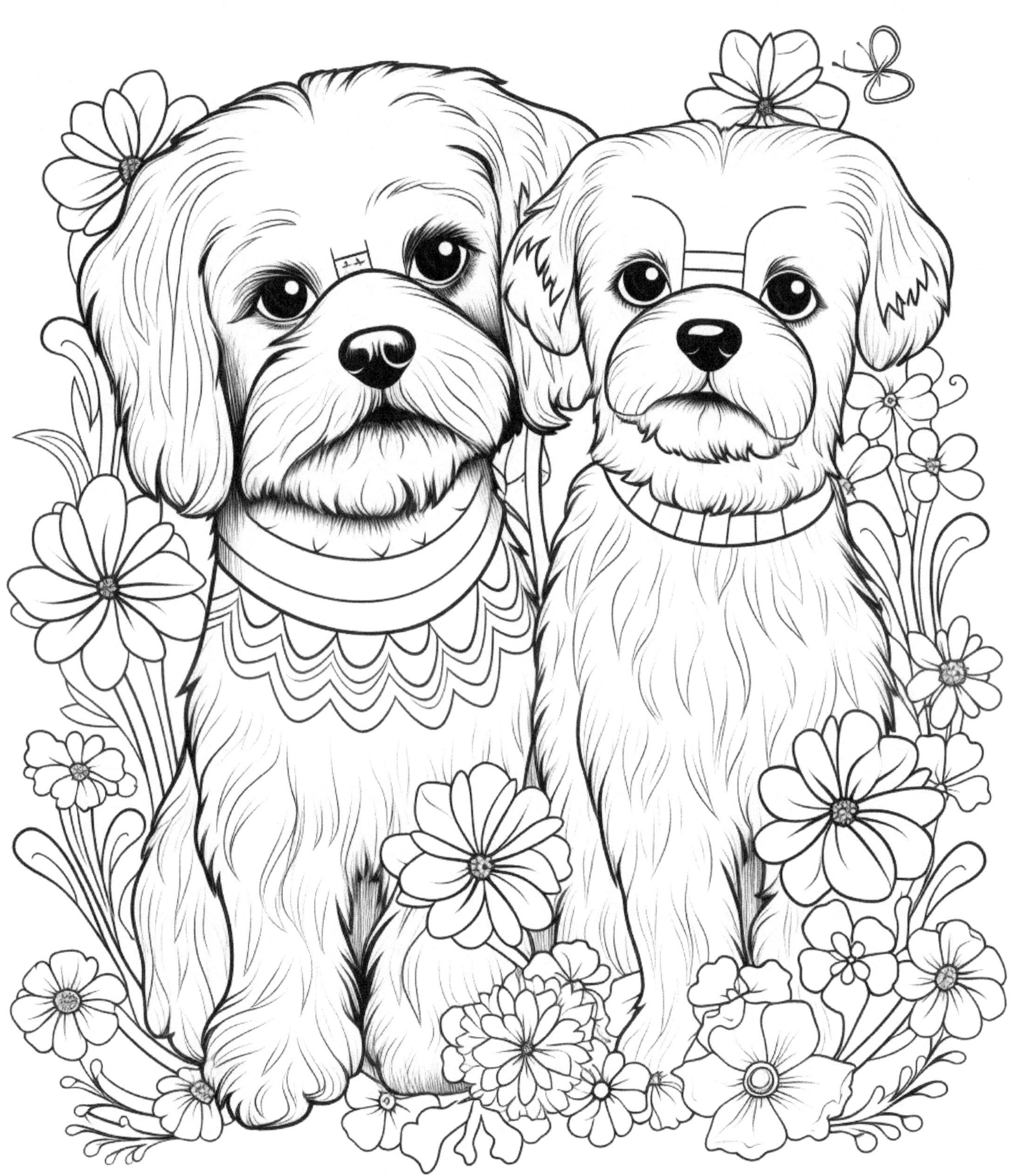

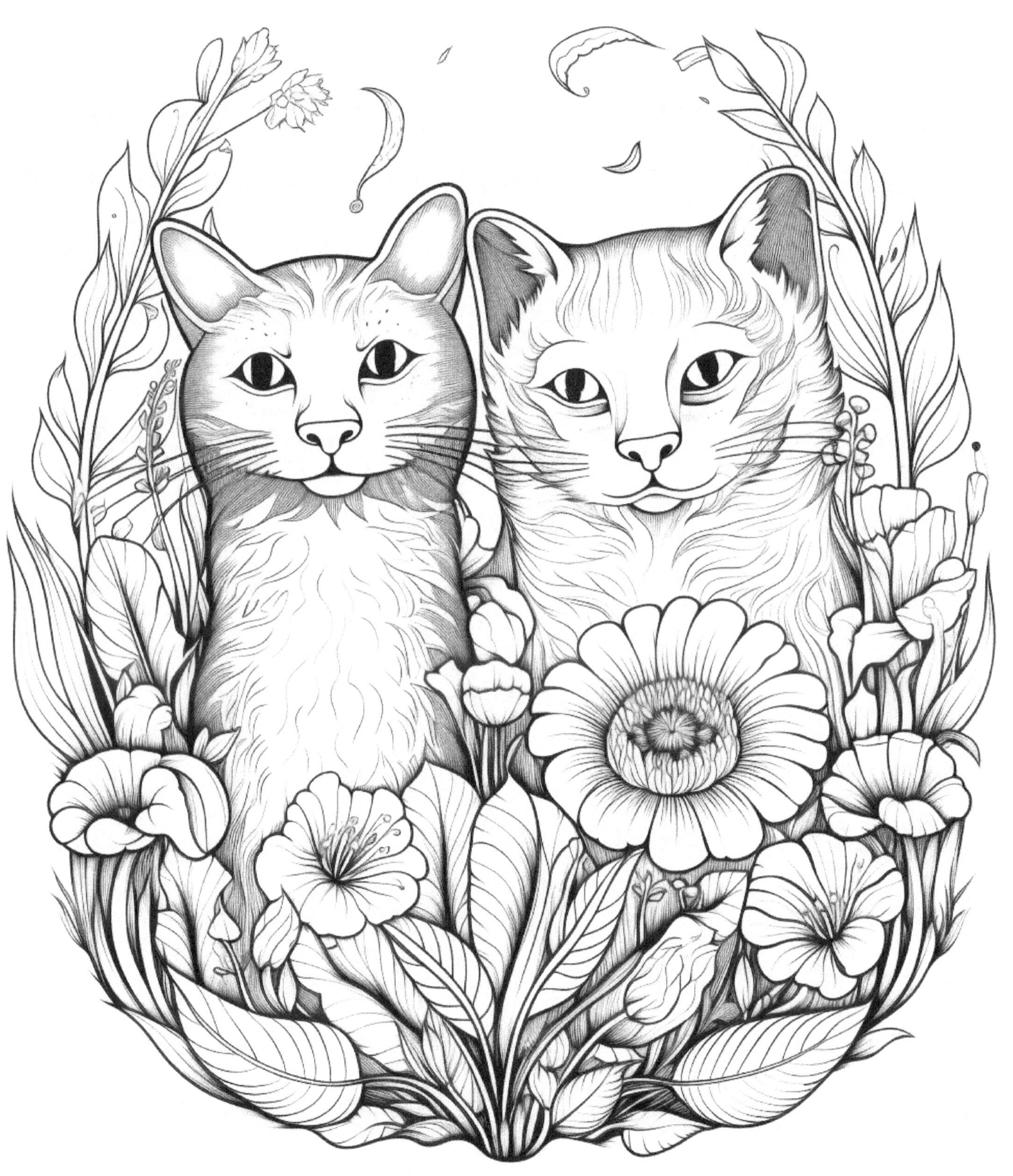

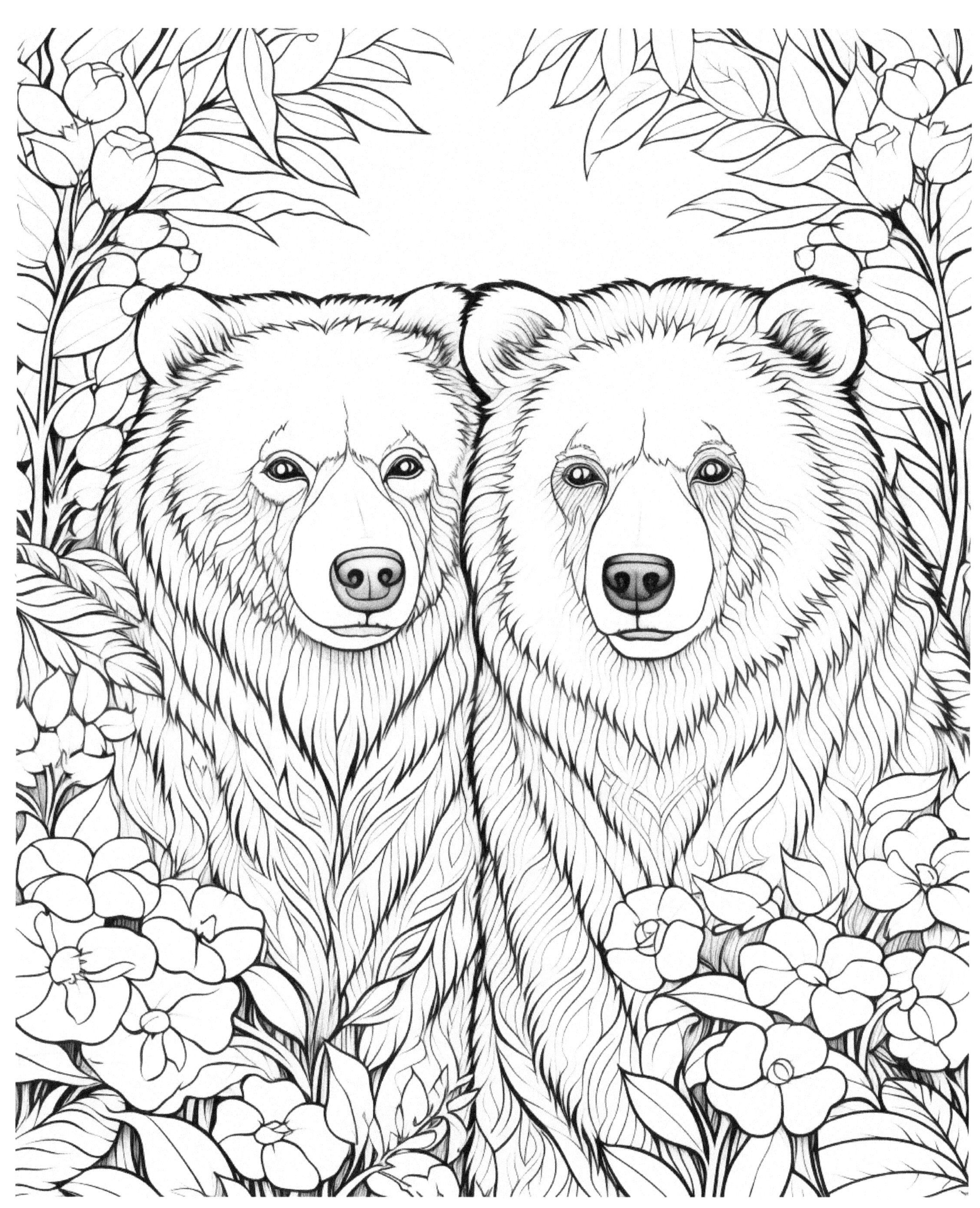

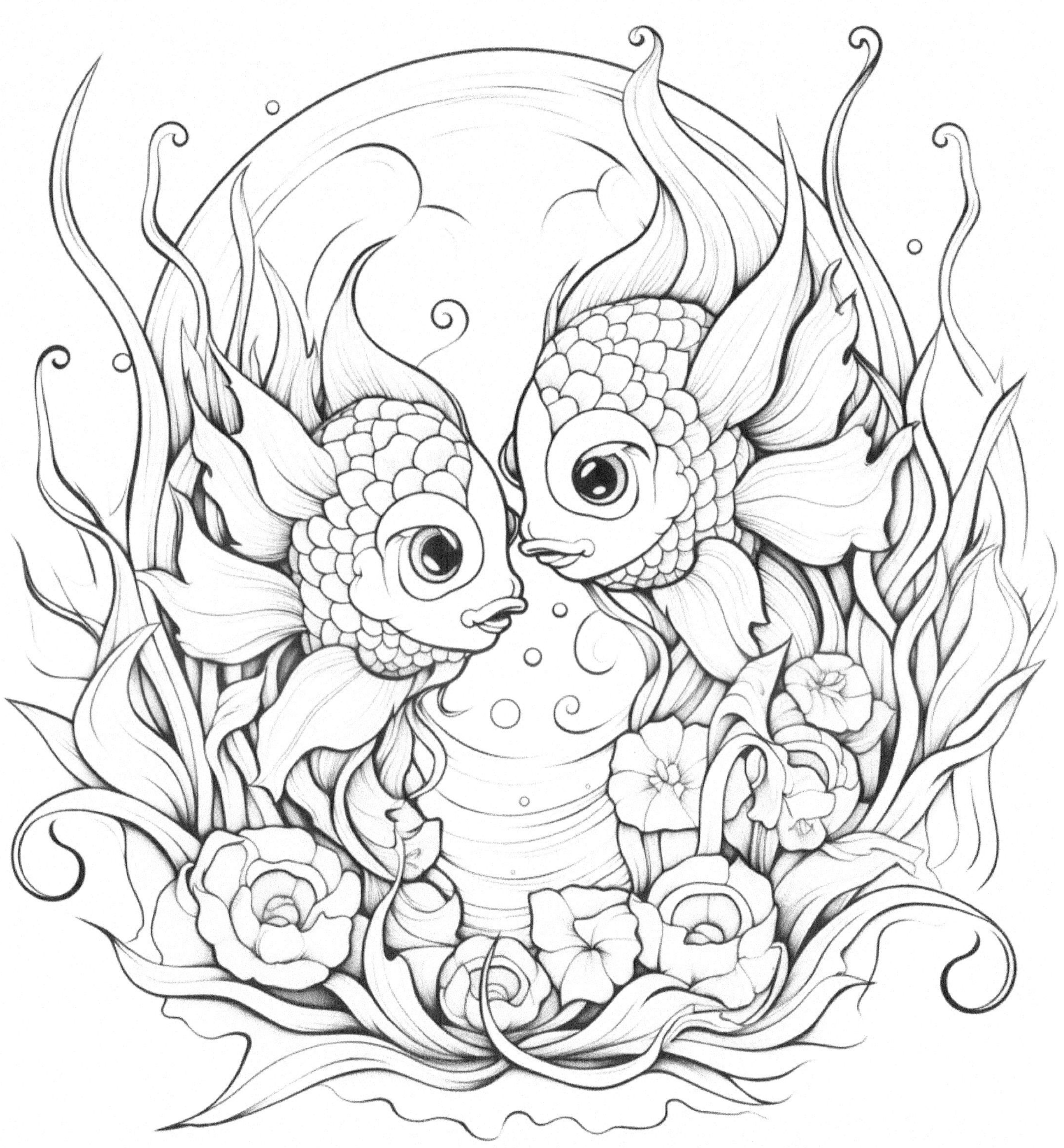

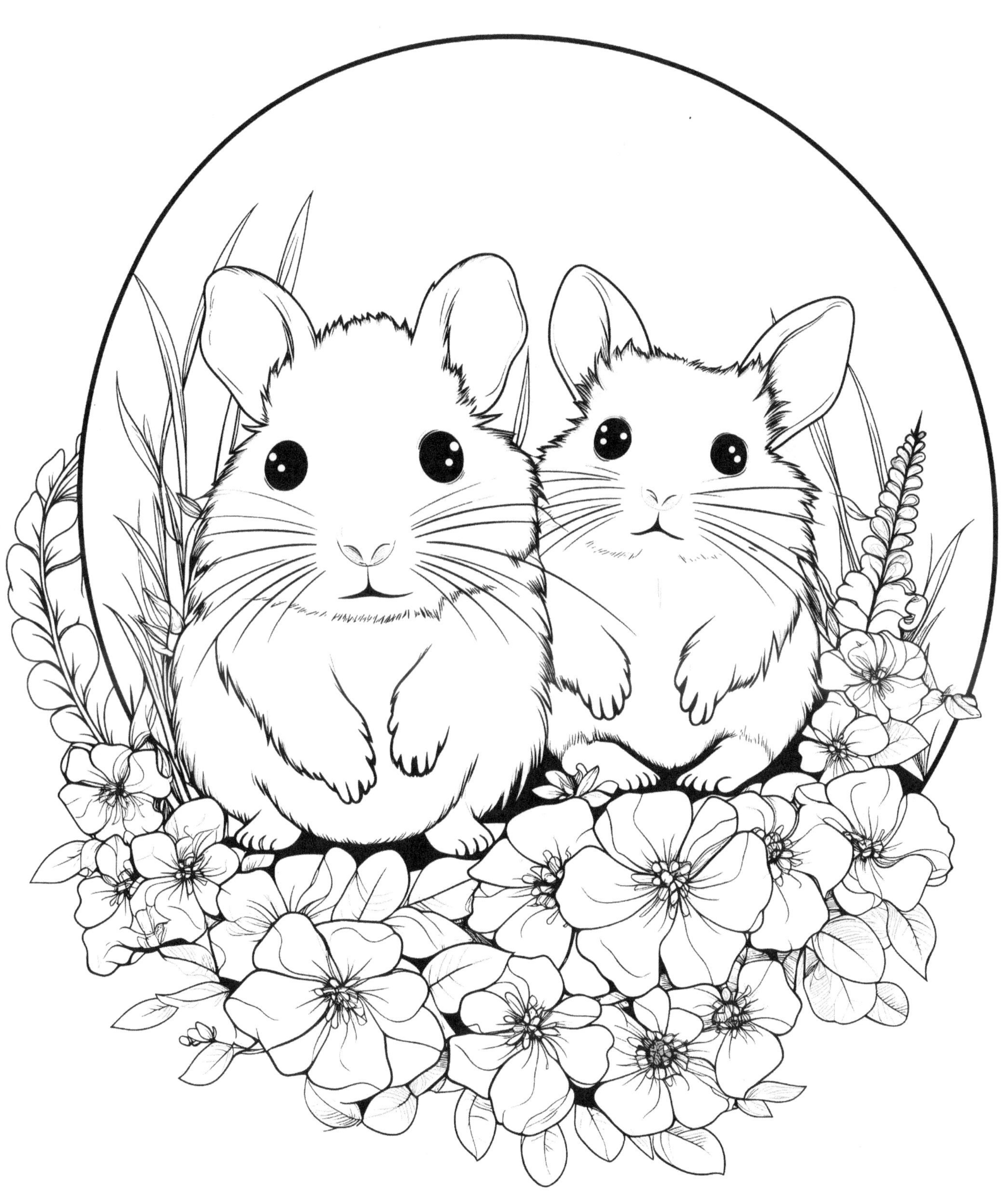

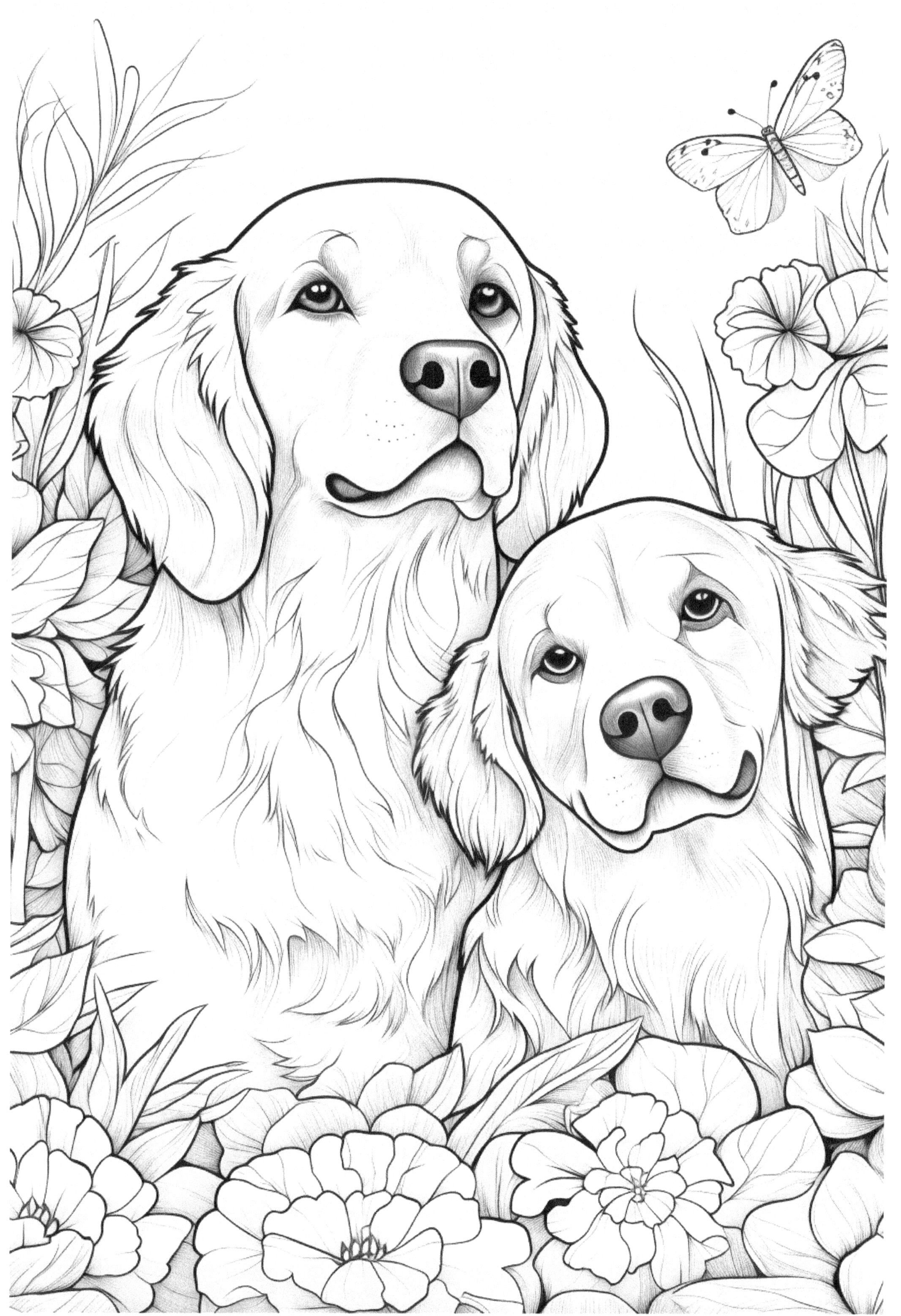

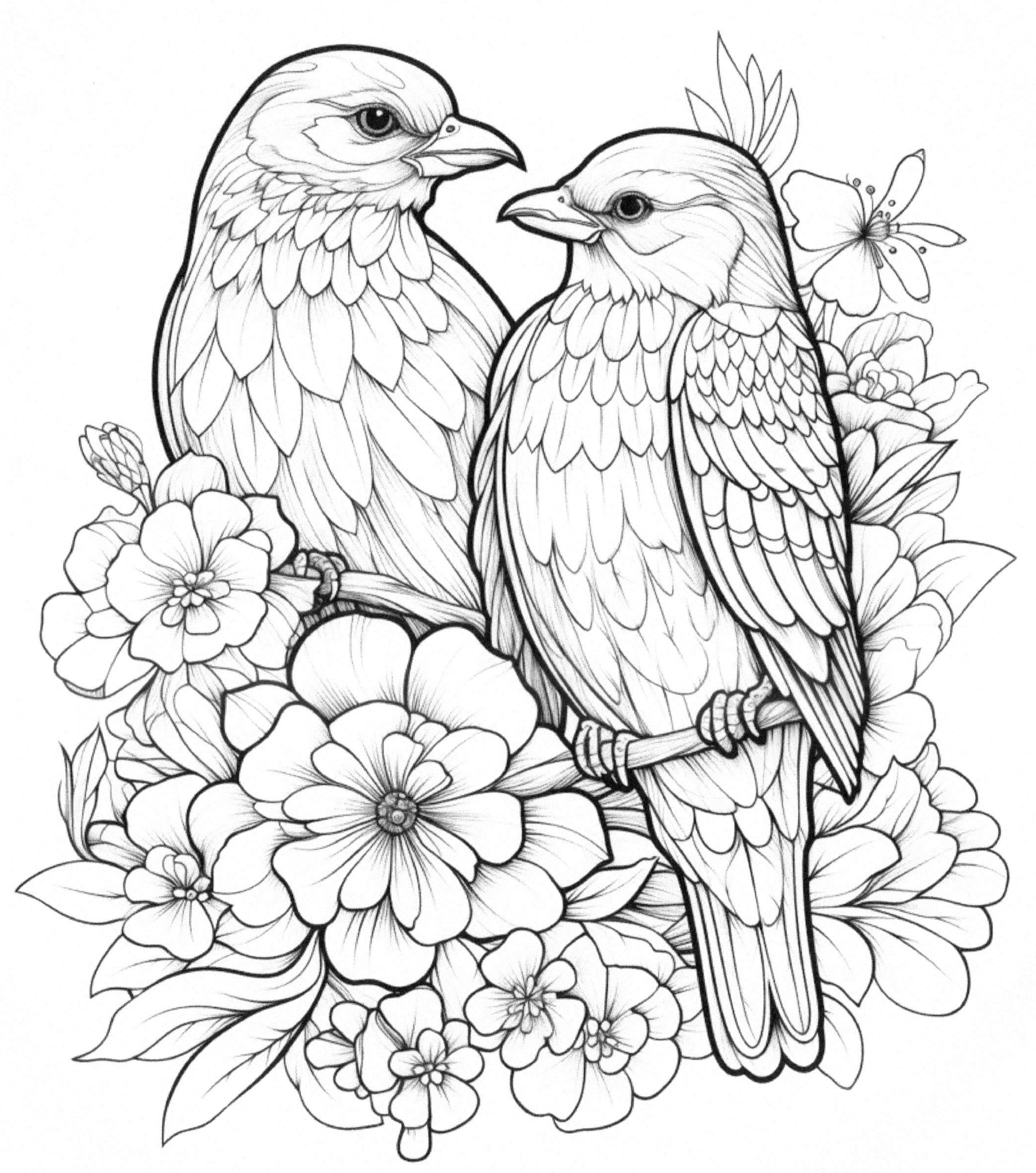

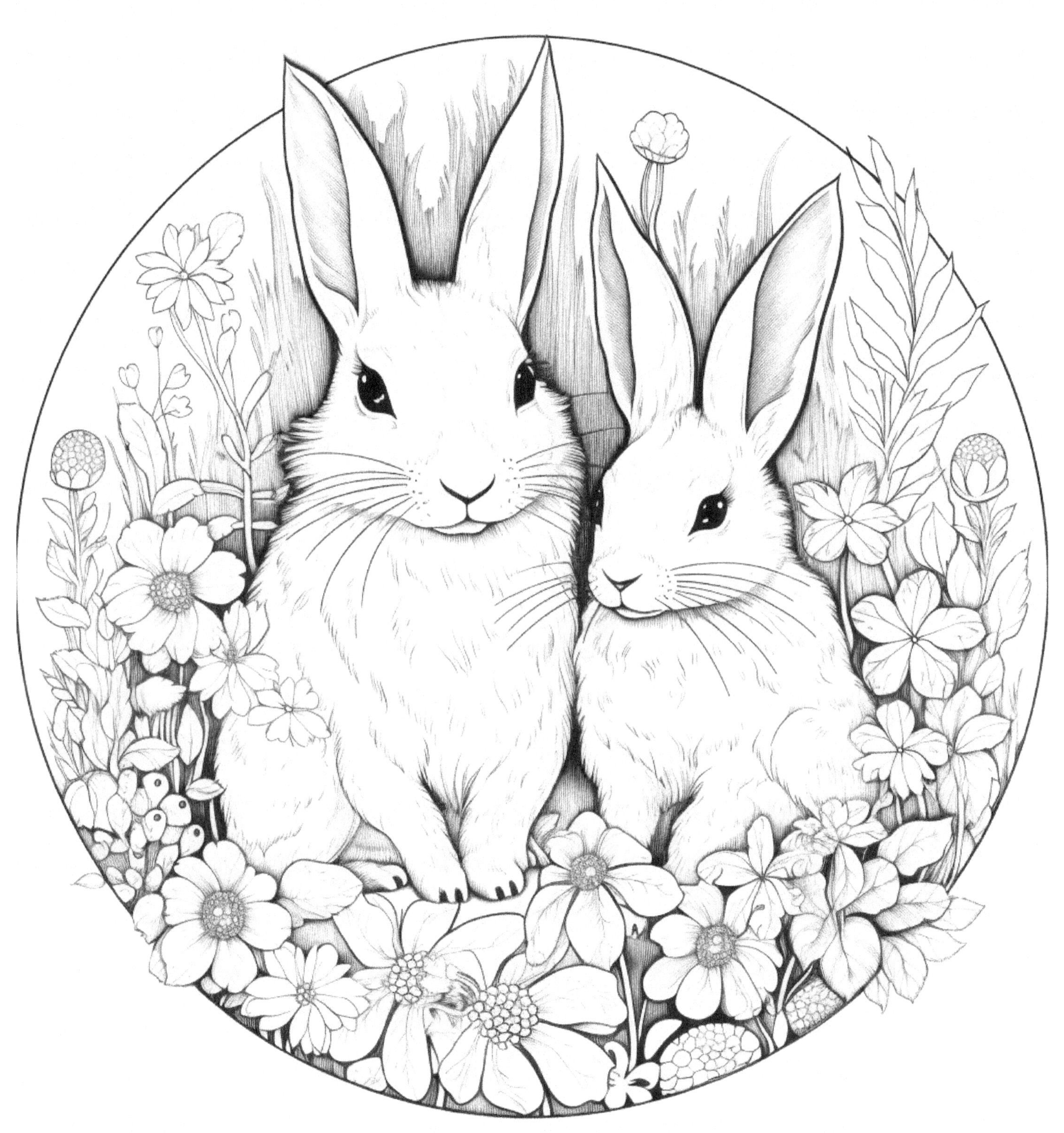

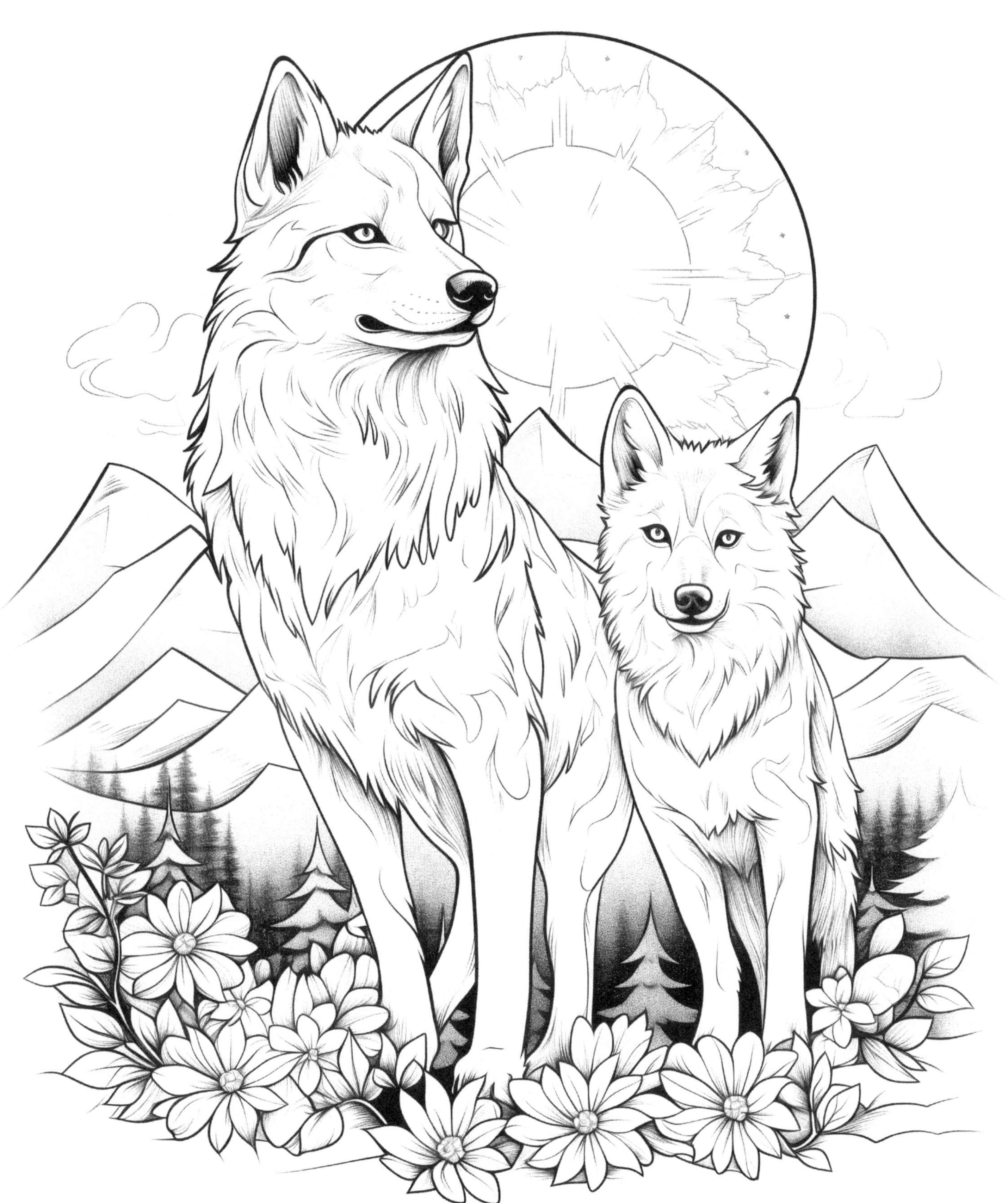

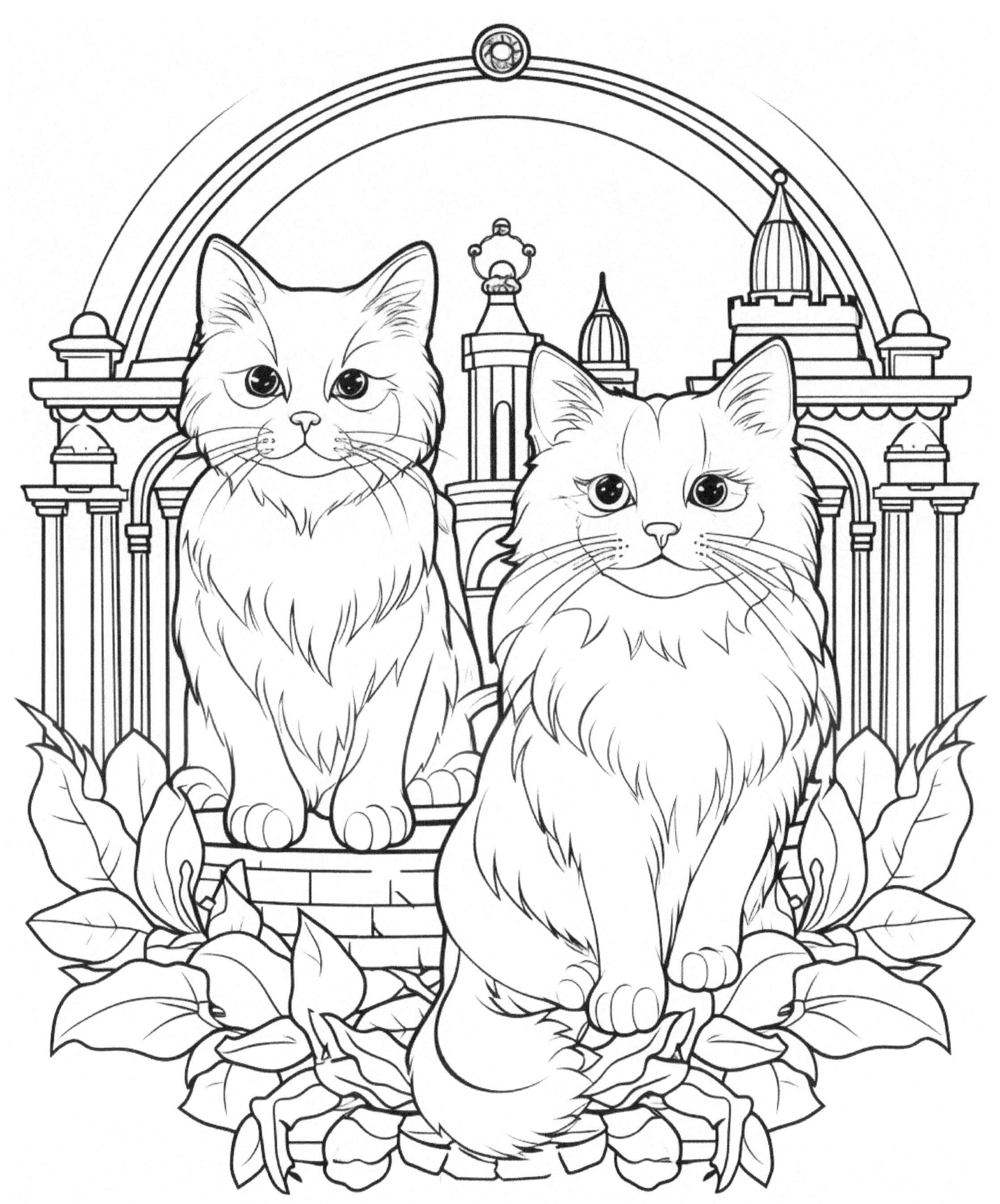

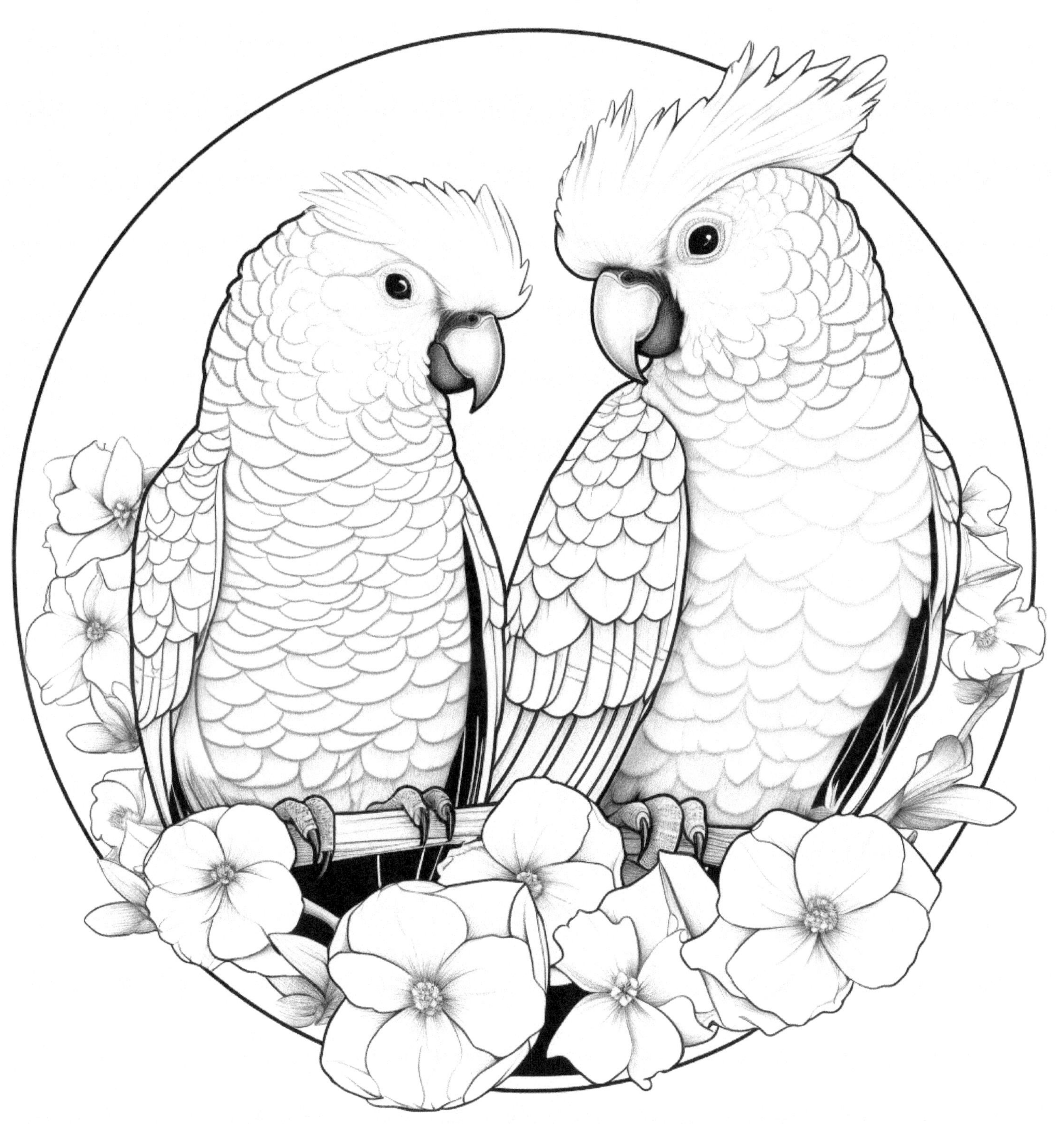

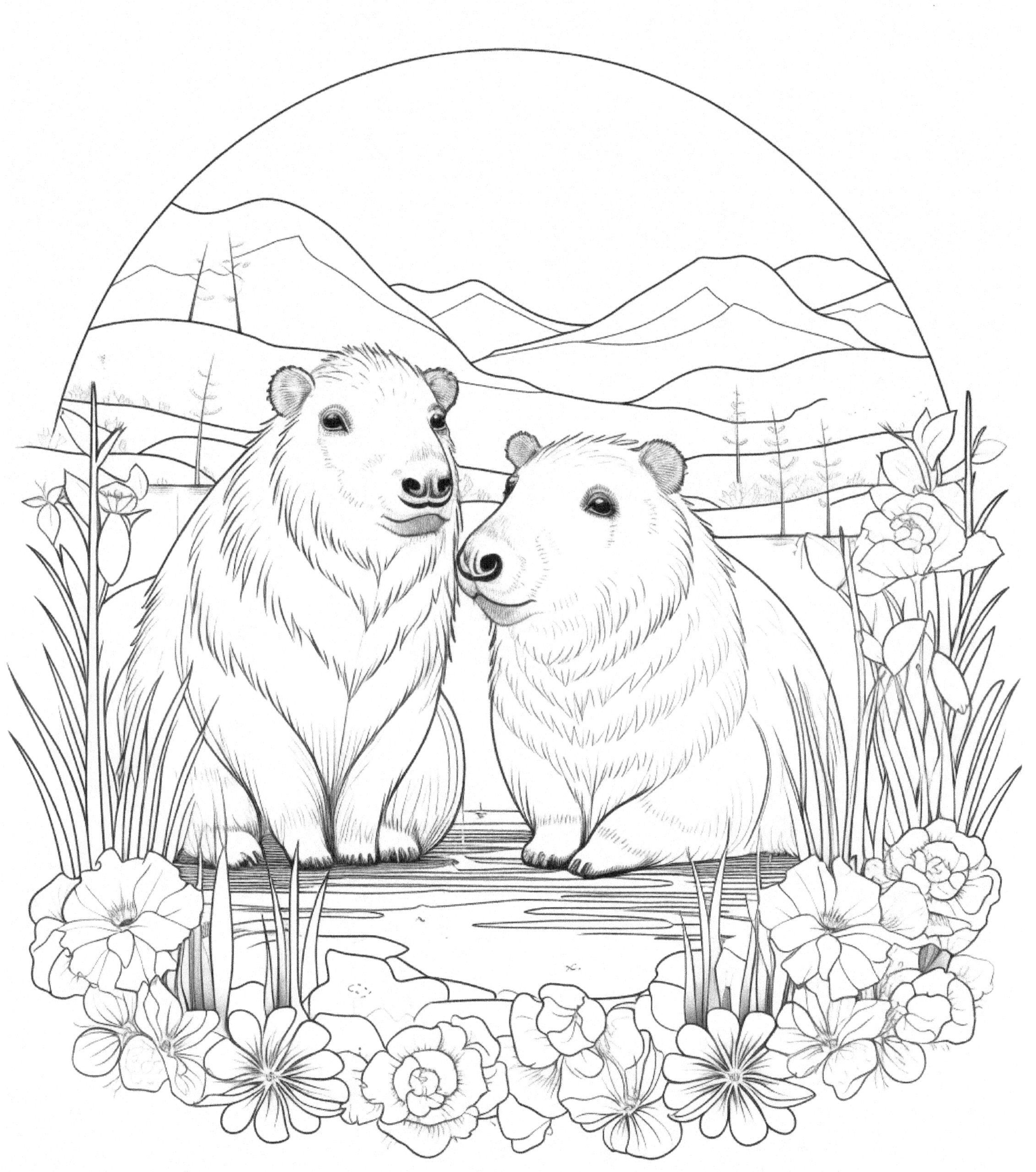

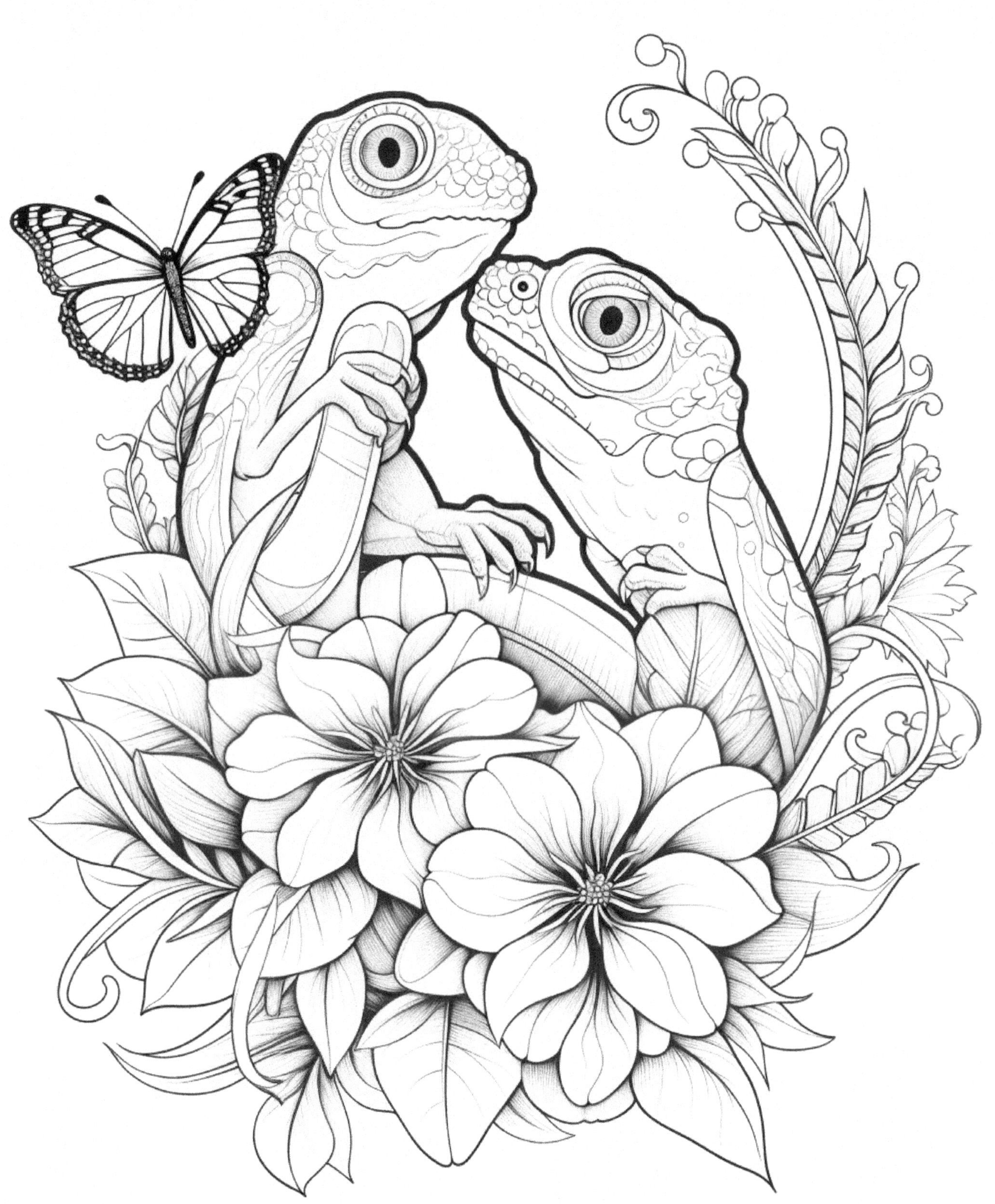

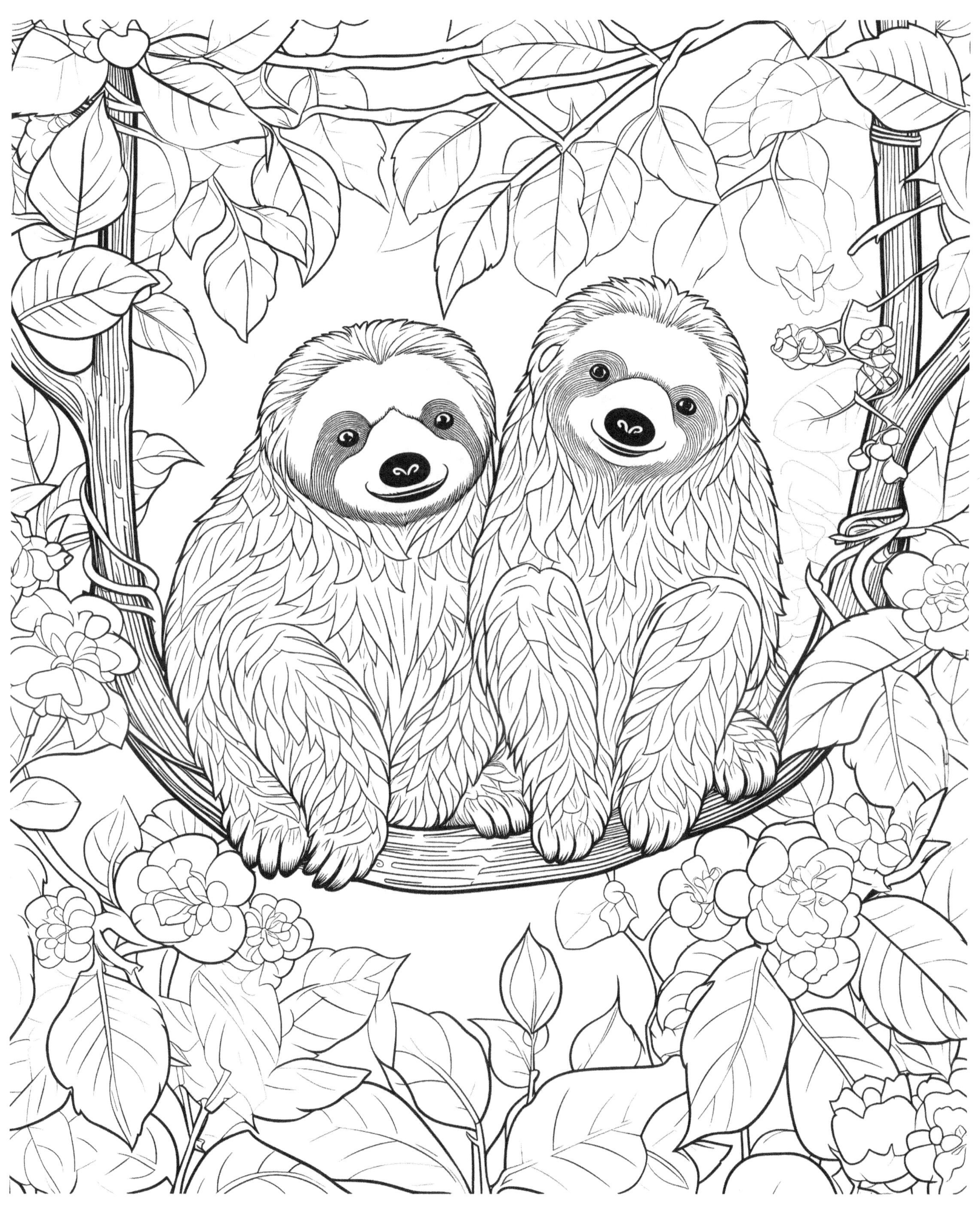

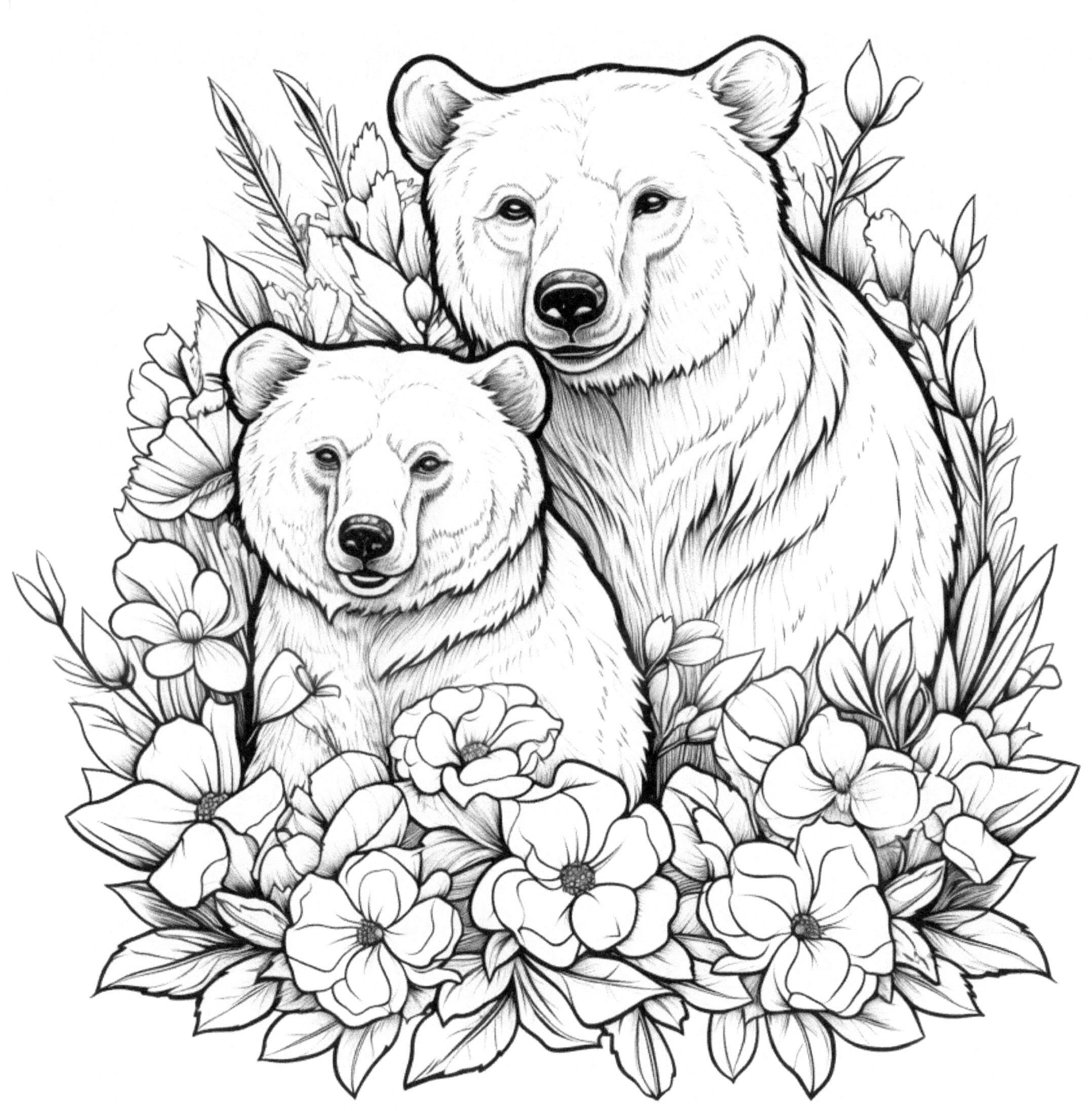

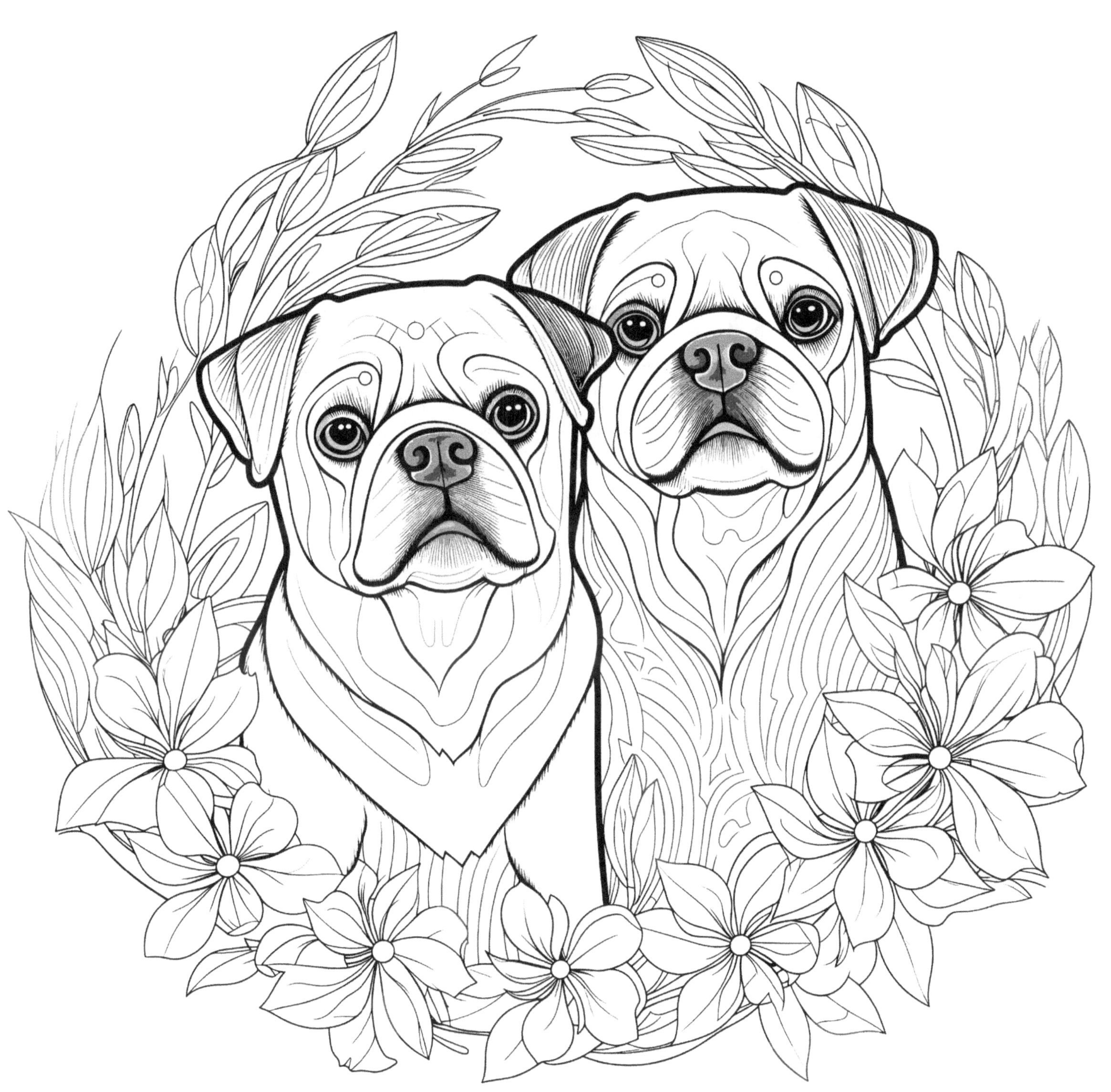

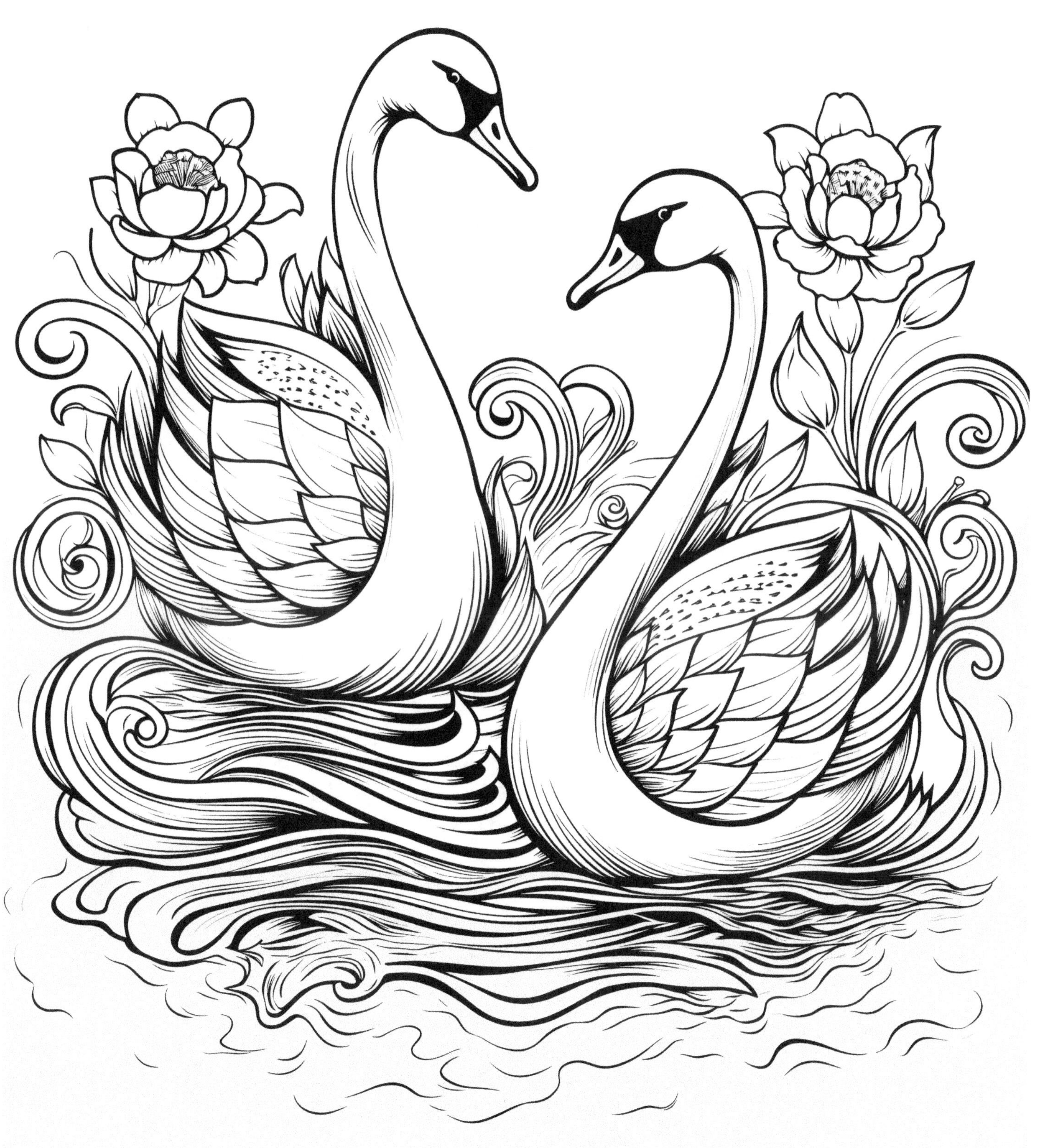

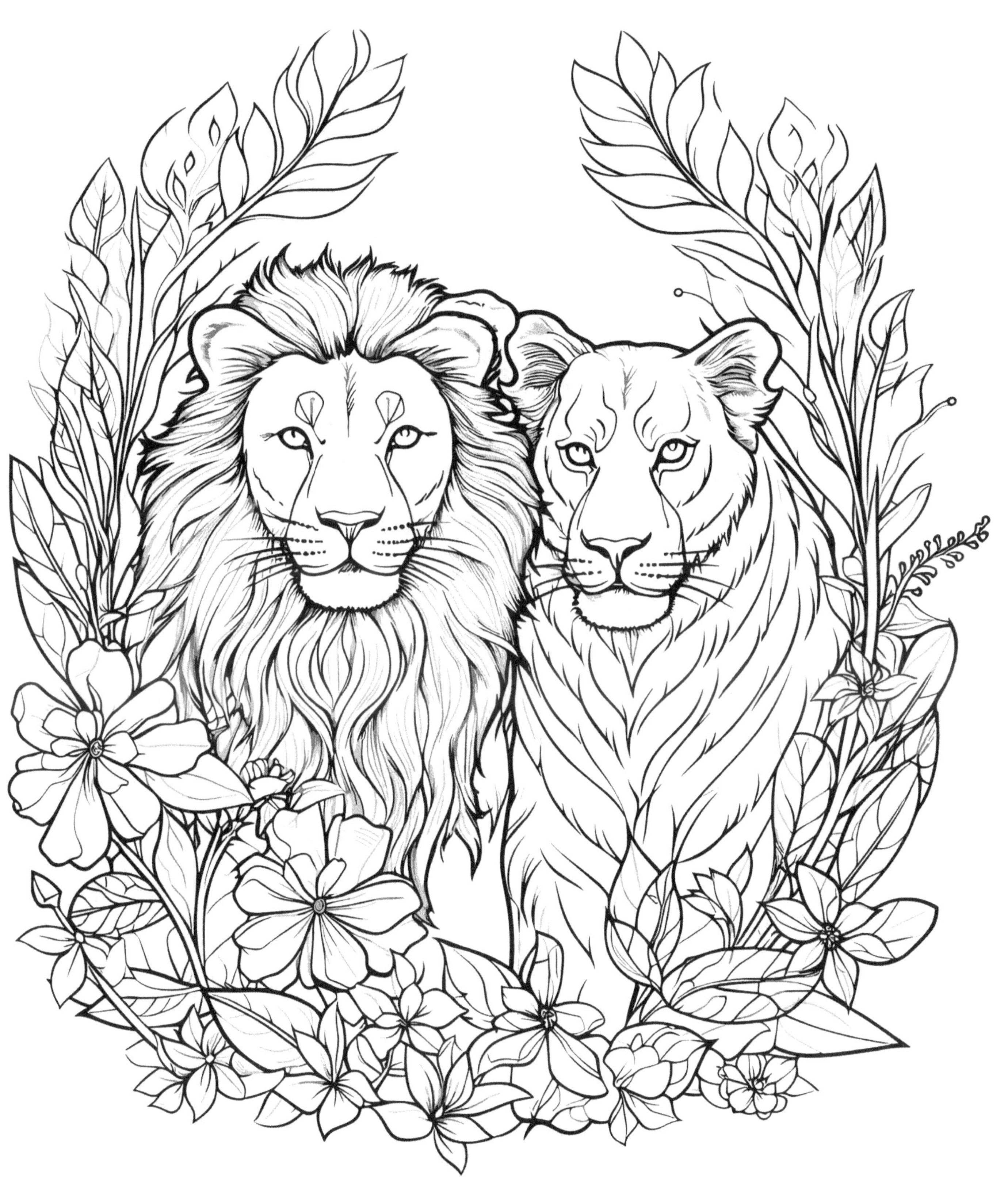

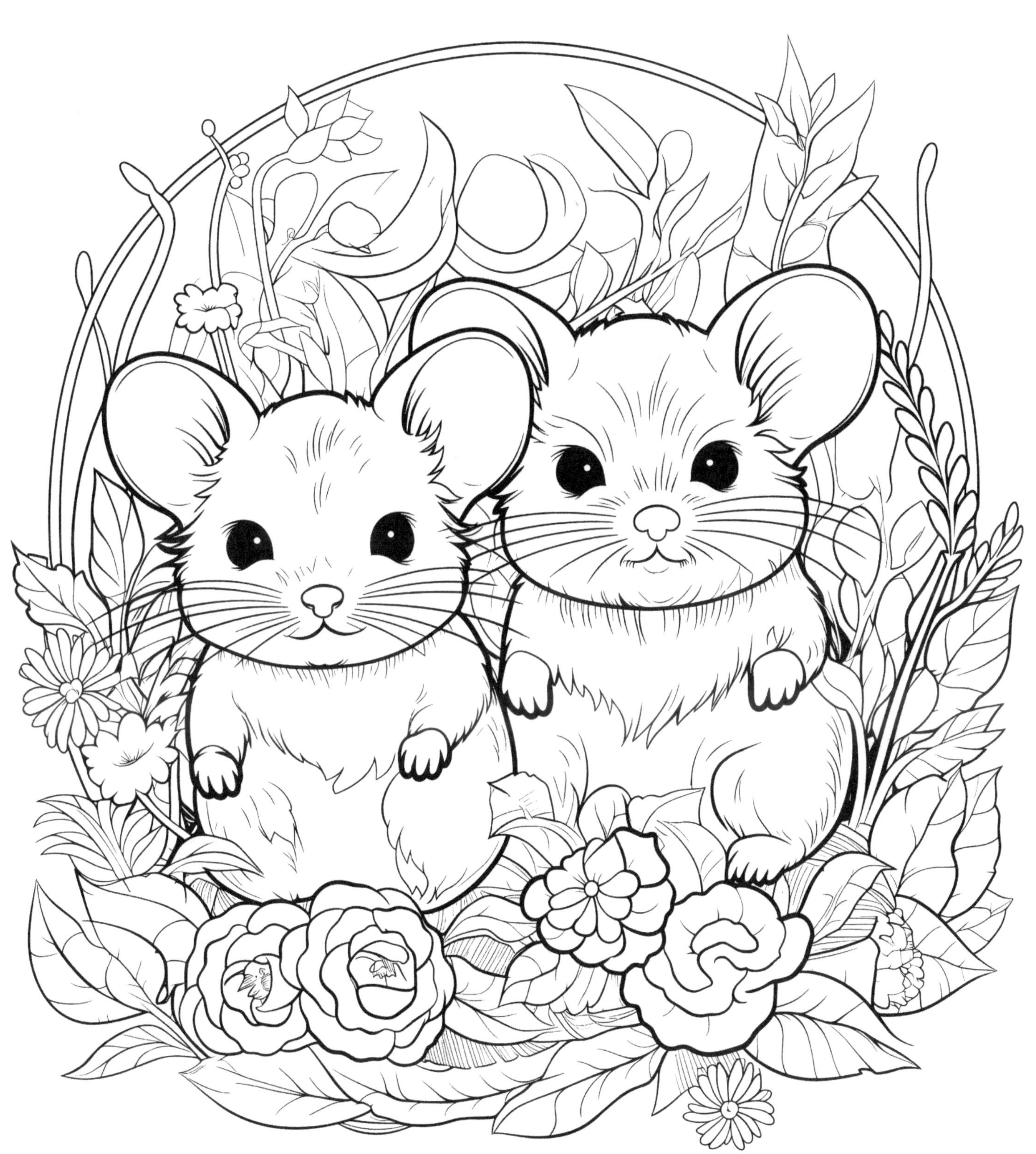

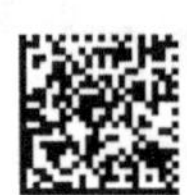

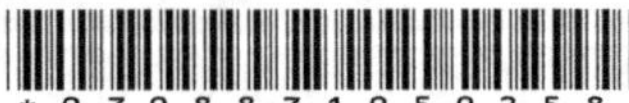
9 798871 950258